Claus Rech

Die „halbe" Herrschaft Neuerburg und ihre Erträge um 1780

Quellen zur Eifeler Geschichte,

Reihe A, Band 3

Claus Rech

Die „halbe" Herrschaft Neuerburg und ihre Erträge um 1780

Edition einer Aufstellung der sternberg-manderscheidischen Verwaltung

Impressum

Bibliografische Information der Deutschen Nationalbibliothek:
Die Deutsche Nationalbibliothek verzeichnet diese Publikation
in der Deutschen Nationalbibliografie; detaillierte bibliografische
Daten sind im Internet über http://dnb.dnb.de abrufbar.

© 2016 Claus Rech
Cover: Ralf Wolf, Jülich (www.autorenservice.de)
3., verb. Auflage
Herstellung und Verlag:
BoD – Books on Demand, Norderstedt

ISBN: 9783741295713

Inhalt

Das Neuerburger Ertragsverzeichnis von 1781 7
Einleitung 7
Gräfin Augusta von Sternberg-Manderscheid 7
Die Herrschaft Neuerburg 8
Der Inhalt des Neuerburger Verzeichnisses 10
Die Einnahmen 11
Die Ausgaben 13
Der Gesamtertrag 13
Die Quellenüberlieferung 14

Die Quellentexte 16
Edition des Neuerburger Ertragsverzeichnisses 16
Edition des „Status generalis" 19
Edition der Umrechnungsliste für Münzen und Maße 21

Glossar 23

Zeittafel 28

Anmerkungen 29

Nachweise 31
Quellen 31
Literatur 32
Abbildungen 34

Anhang 35
    Die sternberg-manderscheidischen Ertragsverzeichnisse von 1781 im Überblick.. 35

Das Neuerburger Ertragsverzeichnis von 1781

Einleitung

Die Einkünfte aus der „halben" Herrschaft Neuerburg in der Eifel sind Gegenstand eines Ertragsverzeichnisses, das im Jahre 1781 angefertigt wurde. Die Einnahmen und Ausgaben, die in dieser Aufstellung verzeichnet wurden, stammten aus dem Anteil des Hauses Sternberg-Manderscheid an der Herrschaft. Das Neuerburger Gebiet befand sich schon seit langem im gemeinschaftlichen Besitz mehrerer Mitherren. Die manderscheidische Hälfte war im Jahre 1780 durch Erbschaft an Gräfin Augusta von Sternberg-Manderscheid übergegangen.

Das Ziel der Gräfin war es, anhand einer Auflistung aller Einzelposten der Wirtschaftsführung den durchschnittlichen Reinertrag zu ermitteln, den das Grafenhaus während eines Jahres im Neuerburger Land erzielte. Ähnliche Verzeichnisse ließ die Gräfin 1781 auch in anderen sternberg-manderscheidischen Territorien anfertigen. Sie dienten der Zentralverwaltung in Blankenheim dazu, sich ein umfassendes Bild über die ökonomische Lage in den einzelnen Besitzungen zu machen. Die in den Ertragsübersichten gesammelten Daten flossen schließlich in eine Gesamtaufstellung ein, den sogenannten „Status generalis".

Die vorliegende Darstellung präsentiert die Neuerburger Übersicht von 1781 erstmals in einer Edition. Vorab erläutern die einleitenden Kapitel den geschichtlichen Hintergrund, vor dem die Abfassung dieses Dokuments stattfand. Nach der Präsentation der Neuerburger Liste werden zum Vergleich auch die Blankenheimer Gesamtaufstellung und eine zeitgenössische Liste mit den Münzsorten und Maßeinheiten wiedergegeben, die in den sternberg-manderscheidischen Gebieten gebräuchlich waren. Der Edition der Quellen schließt sich eine Erläuterung der heute nicht mehr oder nur schwer verständlichen Begriffe an.

Gräfin Augusta von Sternberg-Manderscheid

Um die Abfassung der Neuerburger Ertragsaufstellung einordnen zu können, ist es zunächst sinnvoll, einen Blick auf die dynastischen Verhältnisse des Hauses Manderscheid zu werfen, dem die Gräfin entstammte.

Die Übersicht von 1781 entstand ein Jahr nach dem Regierungsbeginn der Gräfin Augusta von Sternberg-Manderscheid. Sie war die letzte regierende Gräfin aus dem

Hause Manderscheid. Als Tochter des bereits 1772 verstorbenen Grafen Johann Wilhelm von Manderscheid-Blankenheim hatte sie die Regierungsgeschäfte von dessen Bruder bzw. ihrem Onkel, dem Grafen Franz Joseph von Manderscheid-Blankenheim, übernommen. Er war im Dezember 1780 kinderlos verstorben (1).

Zu den Gebieten Augustas gehörten reichsunmittelbare Territorien, in denen die Gräfin alleinige Landesherrin war, sowie landsässige bzw. mittelbare Gebiete, in denen sie Lehensträgerin benachbarter Landesherren war. Zu den „mittelbaren" Gebieten zählte die im Herzogtum Luxemburg gelegene Herrschaft Neuerburg, die dem Grafenhaus zur Hälfte gehörte. Hier hatte die Gräfin Anfang Dezember 1780 die Regierung angetreten (2).

Gräfin Augusta war mit dem Grafen Christian von Sternberg verheiratet, der aus einem alten böhmischen Adelsgeschlecht stammte. Die Familie nannte sich nach der Erbfolge in den manderscheidischen Territorien „von Sternberg-Manderscheid". Graf Christian von Sternberg erscheint als Mitunterzeichner auf zahlreichen Dokumenten. Die Eheleute verbrachten einen Teil des Jahres üblicherweise in Blankenheim und lebten ansonsten in Köln, wo sie ein Stadtpalais besaßen (3).

Die Gräfin regierte ihre Besitzungen bis 1794, dem Jahr, als die französischen Truppen in die Gebiete links des Rheins einrückten und diese besetzten. Bedingt durch die kriegerischen Ereignisse, floh die Familie auf die ererbten Besitzungen des Ehegatten in Böhmen. Beim Reichsdeputationshauptschluss des Jahres 1803 wurde das Grafenhaus für die verlorenen reichsunmittelbaren Güter links des Rheins mit dem Gebiet der früheren Reichsabteien Weißenau und Schussenried in Schwaben entschädigt (4).

Eine solche Entwicklung der Verhältnisse war allerdings im Jahr 1781 noch für niemanden absehbar. Vielmehr setzte die neue Gräfin seit ihrem Regierungsbeginn im Jahre 1780 alles daran, um den Eifeler Besitz besser zu organisieren. Hierfür benötigte sie aber zunächst verlässliche Daten sowie Informationen über die wirtschaftlichen Verhältnisse. In diesem Zusammenhang erfolgte die Abfassung des Neuerburger Ertragsverzeichnisses aus dem Jahre 1781.

Die Herrschaft Neuerburg

Die Herrschaft Neuerburg, die am Ende des 15. Jahrhunderts in den Besitz des Hauses Manderscheid gelangt war, gehörte zu den Südeifeler Territorien der gräflichen Familie. Sie stand unter luxemburgischer Landeshoheit. Das Haus

Sternberg-Manderscheid war 1781, wie erwähnt, lediglich im Besitz einer Hälfte der Herrschaft. In den Dokumenten ist daher oft von der „halben" Herrschaft Neuerburg die Rede. Die andere Hälfte befand sich im Besitz gleich dreier Mitherren aus den Familien de Neufforge, Honoré und Kind (5).

Diese Aufteilung der Herrschaft war eine Folge von Erbfolgevorgängen und Auseinandersetzungen des 16. und des 17. Jahrhunderts sowie von späteren Verkäufen. Dabei war die sternberg-manderscheidische Hälfte der Herrschaft Neuerburg im Jahre 1615 zunächst an das Haus Manderscheid-Kail gelangt, bei dem sie bis 1762 verblieb. Wie die anderen Kailer Besitzungen ging dieser Anteil nach dem Tod der letzten Kailer Gräfin an das Haus Manderscheid-Blankenheim über. Gräfin Augusta von Sternberg-Manderscheid erbte die Hälfte der Herrschaft Neuerburg dann nach dem Tode des Grafen Franz von Manderscheid-Blankenheim im Jahre 1780 (6).

In dieser Zeit war Rentmeister Maas (auch: Maes) in Neuerburg für die lokale Verwaltung und die Einziehung der von den Untertanen zu entrichtenden Abgaben zuständig. Er ist auch der Verfasser der nachfolgend edierten Aufstellung. Der Rentmeister war mit der Erstellung der Übersicht von seiner Herrin, Gräfin Augusta von Sternberg-Manderscheid, in einer Anweisung im April 1781 beauftragt worden (7).

Die Stadt Neuerburg mit dem Hof Daudistel war der Hauptort der Herrschaft. Ein weiterer zentraler Ort war die Freiheit Waxweiler. Die Herrschaft Neuerburg setzte sich aus drei Gerichtsbezirken zusammen, die wiederum in mehrere Meiereien unterteilt waren. Die Gerichtsorte waren Neuerburg, Oberweis und Waxweiler.

Das Gericht Neuerburg bestand aus den vier Meiereien Koxhausen-Leimbach, Krautscheid, Plascheid und Weidingen. Zur Meierei Koxhausen-Leimbach gehörten die Dörfer Ammeldingen, Emmelbaum, Hütten, Koxhausen, Leimbach, Muxerath, Neurath und Zweifelscheid. In der Meierei Krautscheid lagen Bellscheid, Hölzchen, Krautscheid, Mauel, Niederpierscheid, Oberpierscheid und Ringhuscheid. Zur Meierei Plascheid gehörten Berkoth, Burscheid, Fischbach, Heilbach, Plascheid, Scheuern und Uppershausen, und die Meierei Weidingen umfasste die Dörfer Hütterscheid, Niederweidingen, Outscheid und Weidingen.

Zu Gericht und Meierei Oberweis gehörten die Orte Baustert, Brimingen, ein Teil von Feilsdorf, Hisel, Hoorhof, ein Teil des Dorfes Mülbach, Oberweis sowie ein Teil des Dorfes Stockem. Das Gericht Waxweiler wiederum bestand aus der Meierei

Manderscheid und der Freiheit Waxweiler. In der Meierei Manderscheid lagen die Dörfer Heilhausen, ein Teil des Dorfes Kinzenburg, Kopscheid, Lauperath, Manderscheid und Pintesfeld. Auf der Gemarkung der Freiheit Waxweiler lag neben dem namengebenden Flecken die Ginshauser Mühle. Insgesamt erstreckte sich die Herrschaft Neuerburg über einen weiten Teil der Westeifel mit meist sehr kleinen Dörfern (8).

Daneben gab es einzelne Lehen, die von der Herrschaft Neuerburg abhingen, und deren Inhaber bzw. Bewohner Abgaben und Zahlungen nach Neuerburg tätigten. Ein Teil davon lag offenbar auf trierischem Hoheitsgebiet. Das geht aus der Ertragsaufstellung hervor. Sie erwähnt nämlich, dass das Grafenhaus neben der luxemburgischen Grundsteuer auch trierische „Simpelen" von seinen Besitzungen zahlen musste. Die Simpelsteuer war ebenfalls eine Grundsteuer, die anhand der Reinerträge der besteuerten Güter berechnet wurde.

Das Ertragsverzeichnis der Herrschaft Neuerburg von 1781 ist eine lokale Bestandsaufnahme der gräflichen Ertrags- und Vermögensverhältnisse. Offenbar stand die Wirtschaftsführung des gräflichen Hauses insgesamt auf dem Prüfstand. Die Aufstellung sollte verlässliche Daten liefern, um zu ermitteln, wo sich Kosten einsparen und Einkünfte steigern ließen. Tatsächlich wurden noch in vielen sternberg-manderscheidischen Herrschaften bis zum Ende des Alten Reiches kostspielige Strukturen beseitigt und unwirtschaftliche Bereiche aufgegeben. Die Abfassung der Liste von 1781 erfolgte nach Vorgaben der Blankenheimer Zentrale, von wo aus die Arbeiten an den Tabellen für die einzelnen Herrschaften koordiniert wurden.

Der Inhalt des Neuerburger Verzeichnisses

Der Titel der Aufstellung für die manderscheidische Hälfte der Herrschaft Neuerburg lautet: „Beschreibung der Hochgräflich Manderscheidischer Halbscheid aller Renten und gefellen fort allieger ausgaben." Die dort genannten Erträge werden in Reichstaler, Stüber und Liard angegeben. Der in Neuerburg verwendete Reichstaler Luxemburger Währung wurde zu 56 Stüber berechnet. Ein Stüber wiederum entsprach 12 Denaren. In der Quelle werden die Währungseinheiten mit „rhr." und „stbr." abgekürzt. Für die Naturaleinnahmen werden die Hohlmaße Malter, Sester und Faß gebraucht. Sie wurden in der Quelle mit „mald." und „str." abgekürzt. Ein Malter entsprach 12 Sestern (9).

Die Übersicht von 1781 ist in zwei Teile gegliedert. Der erste Teil gibt die Einkünfte wieder, die in der Herrschaft anfielen, und der zweite beschreibt die Ausgaben. Zu den Einkünften zählten die Lieferungen an Getreide und Kartoffeln, die Geldeinnahmen sowie die Einkünfte aus dem herrschaftlichen Wald Herrenheck. In der Aufstellung addieren sich diese Posten zur „Summa alles Empfangs". Für die Veranschlagung der Menge der Naturalabgaben legte der Verfasser einen fünfjährigen Mittelwert zugrunde („nach fünfjährigem dividenten").

Die Einnahmen

An Getreide wurden in der Herrschaft Neuerburg in der Regel Korn, d.h. Roggen, Weizen und Hafer abgeliefert. Die Getreideeinnahmen reduzierten sich jeweils um den „Schrimpf", womit der Schwund bezeichnet wird, der während eines Jahres beim angelieferten Getreide beispielsweise durch Diebstahl auftrat. Hinzu kamen die Erträge des Kartoffelzehnten. Insgesamt erhielt das Grafenhaus in der Herrschaft jährlich regulär Getreide und Kartoffeln im Wert von 542 Reichstalern, 24 Stübern und 4 Liard.

Die weiteren Geldeinnahmen beliefen sich auf rund 520 Reichstaler. Davon stammten rund 192 Reichstaler aus den Zinszahlungen, Schaft- und Fleischgeldern sowie Geldzahlungen für die Moselfahrten, die ursprünglich als reale Frondienste geleistet worden waren. Die Zinszahlungen und Pachten wurden von städtischen Haushalten, Erbpachtgütern und sonstigen verpachteten Gütern entrichtet. Die Schaftgelder mussten die Inhaber der Bauernhöfe, die in der Herrschaft meist Schaftgüter waren, bezahlen. Die luxemburgischen Schaftgüter konnten nur an das älteste Kind vererbt werden, und ihre Bewohner waren leibeigen. Der Hintergrund für die Zahlung der in der Tabelle genannten Fleischgelder bleibt unklar.

Andere Summen wiederum stammten aus den Erlösen von Naturallieferungen, deren Geldwert ebenfalls in der Rubrik der Geldeinnahmen veranschlagt wird. Bei den dort genannten Naturalien handelte es sich um abgelieferte Hühner, Kapaune, Eier, Wachs und Flachs, um gemästete Schweine, Weidhammel und um Zehntlämmer.

Außerdem mussten die Untertanen eine Vielzahl von Gebühren entrichten. Hierzu zählten die Zahlungen für die Schlosswacht, das sogenannte Schützengeld, der trockene Weinkauf, der bei der Weiterveräußerung der Zehnteinnahmen anfiel, oder die Gebühren für die Nutzung des Bannofens und das Heumähen auf herrschaftlichen Flächen, das durch Geldzahlungen ersetzt worden war. Die

Bezeichnung „Bannofen" erklärt sich daraus, dass die Einwohner zu diesem Ofen „gebannt" waren, d.h. sie waren verpflichtet, dort ihr Brot backen zu lassen.

Die gräfliche Verwaltung konnte in Neuerburg ebenfalls Einnahmen verbuchen, die sich in unregelmäßigen Abständen ergaben. Sie wurden von den Untertanen für Abkäufe aus der Leibeigenschaft, für „Huldigungen", als Zahlungen der Neuerburger Krämerzunft, städtische Abgaben, sonstige Verpachtungserlöse oder für die Nutzung herrschaftlicher Rechte entrichtet. Die bäuerlichen Einwohner zahlten ferner eine Abgabe für die Bucheckernmast der Schweine im Wald.

Zwar ergab all dies bereits eine beachtliche Geldsumme, doch waren die Verkäufe von Holz aus dem Wald Herrenheck für das Grafenhaus noch lukrativer. Für einen Zeitraum von acht Jahren verzeichnet die Ertragsaufstellung eine jährliche Einnahme aus den Holzverkäufen von je 1285 Reichstalern und 40 Stübern. Dies übertraf alle anderen jährlichen Bruttoeinnahmen um mehr als 200 Reichstaler und machte damit über die Hälfte der gräflichen Einnahmen aus den Neuerburger Besitzungen aus. Insgesamt liegt die Höhe der Geldeinkünfte in der Berechnung von 1781 bei rund 2349 Reichstalern.

Für die Bewohner der Herrschaft Neuerburg bildeten die Abgaben an das Haus Sternberg-Manderscheid zweifellos einen großen Posten unter ihren finanziellen und materiellen Lasten. Doch waren diese Leistungen und Zahlungen für sie nicht die einzigen Beschwernisse. Hinzu kamen nämlich noch zusätzliche Zehntabgaben, die an weitere Herren und Institutionen abgeliefert werden mussten. Sie werden in der Aufstellung von 1781 nicht genannt. Auch macht die Übersicht keine Angaben über die Höhe der Steuern, die die Untertanen außerdem noch an den luxemburgischen Landesherrn zahlten. Die Gesamtbelastung durch Abgaben und Zahlungen war für die Einwohner der Herrschaft Neuerburg jedenfalls noch deutlich höher, als es aus der sternberg-manderscheidischen Aufstellung hervorgeht.

Doch zeigt die Ertragsaufstellung des Jahres 1781 auch, dass sich die Untertanen mit dieser Situation nicht einfach abfanden. In Anmerkungen des Neuerburger Rentmeisters wird vielmehr deutlich, dass die Bevölkerung ihren Protest durch die Verweigerung von Abgaben ausdrückte. Die Neuerburger Liste, wie im Übrigen auch die Aufstellung aus der benachbarten Herrschaft Bettingen, erwähnt im zweiten Teil unter der Rubrik „illiquide Posten" einen Kostenpunkt, der ungewöhnlich erscheint und die Einnahmen des Hauses Sternberg-Manderscheid deutlich schmälerte.

So heißt es in der Neuerburger Aufstellung: „Die inhaber mit schafft-[,] zinß[-] oder anderen renten beschwerter güter halten vermög Ihro Majestaet Verordnung vom jahr 1771 einen Theil dieser renten wegen der schatzung ein; obwohlen man sich zur zeit noch weigert[,] ein solches nachzugeben, so finde [man] aber nicht, wie dargegen aufzukommen seÿ; dahero seze ein eilften theil berechneter grund renten wiederum dahier zur ausgabe." Das bedeutet, dass die Bewohner der Herrschaft Neuerburg die Zahlung von ungefähr einem Elftel ihrer Grundabgaben an die Herrschaft verweigerten.

Die Ausgaben

Die von den Untertanen schon seit längerem verweigerten Abgaben an das Grafenhaus hatten einen Wert von über 50 Reichstalern. Diese Summe wird in der Ertragsaufstellung von 1781 unter den Ausgaben vermerkt. Der Grund für die Abgabenverweigerung war die im Jahre 1771 eingeführte neue Grundsteuer („schatzung"), die an die österreichisch-habsburgischen Landesherren des Herzogtums Luxemburg zu zahlen war. Die Höhe der Steuer richtete sich nach den Grundstücksgrößen, die in dem 1766 erstellten sogenannten Maria-Theresia-Kataster fixiert worden waren. Offenbar hatte sich die staatliche Steuerlast danach deutlich erhöht, so dass die Landbesitzer der Herrschaft Neuerburg im Gegenzug die grundherrliche Abgabenlast eigenmächtig minderten. Dem Haus Sternberg-Manderscheid, den Mitherren und ihren lokalen Vertretern fehlten allem Anschein nach die Sanktionsmittel, um die Untertanen wieder zur vollständigen Entrichtung der gesamten Abgaben zu bewegen.

Zu den Ausgaben des Grafenhauses zählten in Neuerburg im Jahre 1781 noch weitere Posten. Diese Ausgaben waren Zahlungen an Gläubiger und an Stiftungen des Grafenhauses. Genannt werden auch die Personalkosten („gehelter") und die Kosten für die Organisation der Versteigerung des Oberweiser Zehnten. Abzüge von den gräflichen Einnahmen ergaben sich ferner durch Reparatur-, Prozess- und Botenkosten. Ebenso musste das Grafenhaus die Grundsteuer von herrschaftlichen Flächen an die luxemburgischen und die kurtrierischen Landesverwaltungen zahlen. Außerdem schlugen die Instandhaltung herrschaftlicher Flächen, die Beköstigung von Geistlichen bei der Abhaltung der Jahrgedächtnisse für die Herrschaft und die Verpflegung von Untertanen bei der Ablieferung von Schweinen zu Buche. Insgesamt beliefen sich die Ausgaben auf knapp 318 Reichstaler.

Der Gesamtertrag

Nach der Auflistung der verschiedenen Einzelposten werden schließlich am Ende der Ertragsaufstellung die Gesamtausgaben von den Gesamteinnahmen abgezogen. Diese Abzüge verringerten den Bruttoertrag um gut ein Siebtel, so dass sich ein jährlicher

Reinertrag von 2031 Reichstalern, 13 Stübern und 6 Liard („reines ein kommen") ergibt. Das entsprach, in trierischer Währung gerechnet, 2896 Reichstalern und 22 Albus.

Im „Status generalis" werden die Gesamteinkünfte aus der Herrschaft Neuerburg mit 2896 Reichstalern, 31 Albus und 9 Hellern angegeben. Die kleine Differenz zum Wert in der Neuerburger Ertragsliste erklärt sich durch die Umrechnung in den kölnischen Reichstaler. Der Blankenheimer „Status" zeigt, dass die Erträge aus der Herrschaft Neuerburg immerhin fast 13 % der jährlichen Einkünfte aus sämtlichen sternberg-manderscheidischen Besitzungen ausmachten.

Das lag zum einen an der Größe der Herrschaft Neuerburg, und zum anderen an der wirtschaftlichen Bedeutung des dortigen Waldes Herrenheck. Innerhalb der Herrschaft Neuerburg selbst stammte weit mehr als die Hälfte der Einnahmen aus den Erträgen der Holzverkäufe. Die Neuerburger Verhältnisse entsprechen damit denen in der weitaus kleineren Herrschaft Oberkail oder ähneln der Ertragssituation in der Grafschaft Manderscheid, wo die Einkünfte aus der Forstwirtschaft allein mehr als 40 % aller Einkünfte ausmachten. Die höchsten Reinerträge verzeichnete das Grafenhaus jedoch in den Grafschaften Gerolstein und Blankenheim. Dort zog die gräfliche Hofkammer neben den Einkünften aus der Waldnutzung und den Grundabgaben auch die Landessteuer von den Untertanen ein (10).

Die Abfassung der Ertragsaufstellung scheint auch in der Herrschaft Neuerburg nicht folgenlos geblieben zu sein. Offenbar bestärkten die Ergebnisse dieser Bestandsaufnahme das Haus Sternberg-Manderscheid in der Absicht, eine Aufteilung der Herrschaft Neuerburg zwischen dem Grafenhaus und den Mitherren zu forcieren. Überlegungen in dieser Hinsicht hatte es schon seit längerem gegeben. Die erhaltenen Quellen deuten darauf hin, dass man die Verhandlungen mit den Mitherren nach 1781 deutlich intensivierte. Aufgrund von Streitigkeiten zwischen den einzelnen Parteien wurde das Ziel einer Teilung der Herrschaft jedoch bis zum Einmarsch der französischen Truppen im Jahre 1794 nicht mehr verwirklicht (11).

Die Quellenüberlieferung

Der Text der Ertragsübersicht ist in einem Karton („Kiste") des Nationalarchivs Prag mit der Nr. 160 überliefert und wird in der Außenstelle Theresienstadt (Terezín) aufbewahrt. Eine Mikroverfilmung wurde zu Beginn der achtziger Jahre des 20. Jahrhunderts durch den Euskirchener Kreisarchivar Otermann angefertigt. Die erstellten Mikrofilme sind heute in der Archivberatungsstelle des Landschaftsverbands Rheinland in Brauweiler einsehbar (12).

Zu den auf Mikrofilm festgehaltenen Quellentexten aus Kiste 160 gehören neben den Erträgnisaufstellungen auch die Protokolle über die Huldigungsfeiern für Gräfin Augusta von Sternberg-Manderscheid aus dem Jahre 1780, Berichte über die Lehensverhältnisse in den einzelnen Herrschaften sowie weitere Gutachten und Schreiben aus den Regierungsjahren der Gräfin. Außer für die Herrschaft Neuerburg sind aus dem Jahre 1781 auch die Übersichten zu den Einkünften aus den Herrschaften Bettingen, Dollendorf, Kronenburg, Oberkail, den Grafschaften Blankenheim (mit einer gesonderten Aufstellung für die dortige Schlossverwaltung), Gerolstein und Manderscheid sowie dem Hof Dusemond überliefert (13).

Als Quelle steht die Neuerburger Liste von 1781 in der Tradition der Güterverzeichnisse und der sogenannten „Renovationen", die seit dem späten Mittelalter in den einzelnen Territorien in unregelmäßiger Folge abgefasst wurden. Diese wurden im 18. Jahrhundert zunehmend durch sogenannte „Beschreibungen" ersetzt. Deren Zielsetzung war oftmals die Ermittlung der tatsächlichen Erträge eines bestimmten Gebietes. Mit ihnen verschafften sich die adligen Inhaber der Territorien jeweils einen aktuellen Überblick über die Wirtschaftlichkeit ihres Besitzes. Auch das Neuerburger Ertragsverzeichnis ist als eine „Beschreibung" angelegt.

In der vorliegenden Textedition werden für die Wiedergabe der Quelle eckige Klammern zur Auflösung der Kürzel des Originals und zur Kenntlichmachung von ergänzten Satzzeichen verwendet. Spitze Klammern kennzeichnen Wörter oder Passagen, die später zum Originaltext hinzugefügt oder dort verbessert wurden. Ansonsten wird die Rechtschreibung von 1781 beibehalten. Lediglich die Zeichensetzung wurde an die heutigen Regeln angepasst. Schrägstriche markieren jeweils den Beginn einer neuen Zeile im Ursprungstext. Die über den Tabellen angegebenen Seitenzahlen entsprechen der Paginierung der Originalquellen. Die Auflistung zur Herrschaft Neuerburg wird im Folgenden in edierter Form wiedergegeben (14).

Die Quellentexte

Edition des Neuerburger Ertragsverzeichnisses

S. 299r. Herschafft Neuerbourg

Beschreibung der Hochgräflich Manderscheidischer Halbscheid aller / Renten und gefellen fort allieger ausgaben: / in lutzemburger wehrung

	maldr.	Sester	Faß	Rhr.	stbr.	Liard
Einnahm Korn von schafft, zinßen und / mühlenpfachten	73	7	2			
Von zehnden nach dem dividenten 5 jahren	82	8				
Summa Korn	156	3	2			
ausmaaß Korn an bestallungen, al= / moßen, fundationen und schrimpf	55	4				
ergo bleibt	100	11	2			
das malter p[er] 2 Kronenthaler angeschlagen f[aci]t				259	34	
Einnahm Weitzen ständig von schaff und pfacht	28	6	2			
weitzen von zehnden nach fünfjährigem / dividenten	8	6				
Summa weitzen	37		2			
ausmaaß weitzen an gehelter und schrimpf	3	2	2			
alß bleibt	33	10	2			
das malter p[er] 2 ½ Neuendhaler angesechlagen				108	49	4
Einnahm ständiger zinß und schafft haber	74	4				
haber von zehnden ein jahr ins andere	97					
Summa haber	171	4				
ab gehälter und schrimpf	41	10	2			
alßo bleibt	129	5	3			
p[er] malter ein Neuenthaler f[aci]t				166	25	
Einnahm ständiger erbßen nach abzug / des schrimpfs	1	11				
angeschlagen wie supra der weitzen f[aci]t				6	9	
Grundbieren von zehnden	2	6				
p[er] sester 2 ½ stüber f[aci]t				1	19	
[Insgesamt:]				542	24	4

S. 299v.

lutzemburger wehrung	Rhr.	stbr.	liard
Empfang geld			
Transport	542	24	4
Es werden ständig erhoben an schafft- zinß- und fleisch- / gelder[,] sodan moßelfahrten	192	31	4
ständiger empfang von schloßwacht, schützengeld, trock[-] / nen weinkauf der zehnden, ofen brod, heumieth[,] / so thut jahrs	73	46	4
ständiger empfang von Hüner, Capaunen, Eÿer / wachß und flachß thut	28	40	
es fallen alternative ein jahr in das andere 12 st[üc]k / lieferschwein[,] ertragen jahrs	44	21	
es kömmen ständig 38 ½ stück weidhämmel, so ein / Jahr in andere ertragen	44	44	
Nicht ständiger empfang von abkäufen, Huldigun= / gen, und Krämer zunfft; von zehnten pfenning / wein-accieß, stadt- und marcktzoll; Item / von verpfachtungen des heu, grumet, heu- / zehnden, bienenfund und fischerei, thut nach / dem dividenten fünf jähriger rechnungen	108	50	
ein jahr ins andere erfallen zehnd lämmer unge= / fehr 30 stück[,] p[er] st[üc]k 24 stuber angeschlagen f[aci]t	12	48	
der ackerschatz aus herschafftlichen büschen vermög / fünfjähriger berechnung ein jahr ins andere gethan	15		
Summa einnahm geld	1063	25	6
der herrschafftliche wald Her[r]heck thut in den nechst- / folgenden sechß jahren aus verkaufftem holtz / ungefehr alle jahrs 1000 Kronenthaler zu / hießiger halbscheid, f[aci]t	1285	40	
Summa alles empfangs	2349	9	6
Nota: Nach gemelten 6 jahren, wan nemblich / der wald herheck gantz durchhauen ist, höret / dieße einnahm wiederum ein zug von jahr[en] / auf.			

S. 300r.

lutzemburger wehrung	rhr.	stbr.	Liard
Ausgaben geld			
an creditoren und stiftungen	18	7	
an gehälter	29	46	4
Oberweißer zehnd Verlaß Kösten	1		
illiquide posten	61	26	6
Nota: diese unflüßigkeiten sind seither etlichen Jahren / unter Jetzigem rhentmeistern erst entstanden, wie länger aber die nachsuchung versaumet wird, / desto beschwehrter wiederum in gang zu bringen sind.			
an bau- reparationen, proces=Kösten und expreßen / ein jahr ins andere vermög fünf jähriger rechnung	60		
an königliche schatzung und churtrierische Simpelen ein jahr ins andere	83	50	
die herschafftliche wießen zu fegen, und zue mehen / Kösten ein jahr in andere	9	3	
für beköstigung bei lieferung der schweinen		46	6
für beköstigung der Geistlichen bei dem her- / schafftlichen Jahrgedächtniß ein Jahr ins andere	3	18	4
Die inhaber mit schafft-[,] zinß[-] oder anderen renten / beschwehrter güter halten vermög Ihro Majestaet / Verordnung vom jahr 1771 einen Theil dieser renten / wegen der schatzung ein; obwohlen man sich zur / zeit noch weigert ein solches nachzugeben, so / finde aber nicht, wie dargegen aufzukommen / seÿ; dahero seze ein eilften theil berechneter / grund renten wiederum dahier zur ausgabe	50	21	4
Summa der ausgaben	317	52	
der gantze Empfang ist	2349	9	6
ab vorstehende ausgaben	317	52	
Ergo bleibt reines ein kommen	2031	13	6
Nota: diese 2031 r[eichst]h[ale]r 13 ¾ stüb[e]r lützemburgisch machen / in trierischer wehrung 2896 r[eichst]h[ale]r 22 peterm[ännchen]. / Wan aber über sechß jahr der wald Herr Heck aus / gehauen ist, und alsdan die 1000 Neuethaler / ausbleiben, so ist das residuum eines einkommens / nur dahier 1003 r[eichst]h[ale]r 4 albuß Trierisch.			

Edition des „Status generalis"

S. 309.

P[er] 78 albuß	R[eichs]-th[a]l[er]	al[bu]s	h[elle]r
Deßen, was sämtliche Graf=, Herschafften und / Gütern des Hochgräflich-Manderscheidischen / Haußes Ihro Hochgräflichen Excellentz Frau / Gräfin Augusta von Sternberg, jetzt / Regierende Gräfin zu Manderscheid e.c. e.c. / Nach deduction aller ausgaben, /: ausschließlich / desjenigen, was zu wittums deputat und / Hohe geschwisteren Jahrs ausgegeben werden / Soll :/ zur Zeit und alle Jahrs eintragen:			
Grafschafft Blanckenheim und Herschafft / Jünckerath Thun Jahrs	2955	46	1
die Grafschafft Gerolstein	4998	72	4
die Herschafft Dollendorf	848	-	7
die Herschafft Kronenburg	3426	18	-
die Grafschafft Manderscheid	2781	23	1
die Herschafft Kaÿl	1643	76	-
der Hof Dousemont	239	39	-
die Herschafft Bettingen	885	68	-
die halbe Herschafft Neuerburg	2896	31	9
Summa	20675	62	10
Hiervon wird abgezogen der Status des / schlosses Blanckenheim und herschafftlichen / Haußes in Köln, weil mehr auslagen / alß empfang hat; ad	291	37	7
alßo ist die hauptsumme reines einkommens	20384	25	3
Ferner hat gnädige Herschafft aus [Wörter gestrichen] <Rips- / dorfischen> und Gerolsteinischen land= / steuer-geldern Nach ausweiß [Wort gestrichen] des / Status jährlichs zu empfangen	1252	43	-
Mithin ist die Hauptsumme	21636	68	3
leztlich kommen noch hinzu die Blancken= / heimischen landsteuren ad	820	40	-
Summa Status generalis	22457	30	3

Quelle: Landschaftsverband Rheinland (LVR), Archivberatungs- und Fortbildungszentrum Brauweiler, Mikrofilm Nationalarchiv Prag, Bestand Sternberg-Manderscheid, Kiste 160, S. 309.

Die Reinerträge, die man in den Ertragsverzeichnissen der einzelnen Herrschaften ermittelte, wurden im „Status generalis" 1781 zur Berechnung der sternberg-manderscheidischen Gesamteinkünfte verwendet. In den Territorien, die in der Gesamtaufstellung genannt werden, war der Besitzstand der Gräfin Augusta von Sternberg-Manderscheid unbestritten und gesichert.

Anders verhielt es sich jedoch mit den alten gräflichen Besitzungen in Osann, Monzel, Erp, Trippelsdorf und im Drachenfelser Ländchen. Die dortigen Landesherren weigerten sich, die weibliche Erbfolge im Hause Manderscheid-Blankenheim und damit die Ansprüche der Gräfin auf diese Gebiete anzuerkennen. In der Folge entstanden zahlreiche Prozesse. Die gerichtlichen Auseinandersetzungen dauerten zum Teil bis 1794. Erst zu diesem Zeitpunkt wurden die Rechte der Gräfin auch an diesen Territorien bestätigt.

Die Dauner Besitzungen des Grafenhauses hingegen gingen der gräflichen Familie 1782 endgültig verloren. Kurtrier zog diese Güter de facto dauerhaft als heimgefallene Lehen ein. Die Erträge aus den seit 1780 umstrittenen Gebieten werden im „Status generalis" nicht genannt.

Edition der Umrechnungsliste für Münzen und Maße

Die folgende Übersicht bezieht sich auf den Wert der Währungen, die in den sternberg-manderscheidischen Besitzungen innerhalb des Herzogtums Luxemburg gebräuchlich waren, und die Berechnung der in diesen Gebieten verbreiteten Hohlmaße.

/S. 169r./ <u>Evaluation deren Geldmünzen und Fruchtmaaßen.</u>

1 R[eichs]th[a]l[e]r thut 78 albus Cöllnisch oder 54 Peterm[ännchen] trierisch.

1 albus Cöllnisch thut 12 Heller

1 Petermengen thut 8 pfenning

1 R[eichs]th[a]l[e]r Luxemburger Wehrung oder 2 Gold=Gülden / Luxemburgisch machen 56 Stüber selbiger Wehrung.

1 Ein Stüber Luxemburgisch macht 12 denarien.

1 Malter Cronenburger Maaß ist 10 Faß.

1 Faß ist 8 Pinten.

1 Ein Malter Cronenburger Maaß macht 1 Malter / 4 Pinten Blankenheimer Maaß.

15 Rader=albus machen ein Schafft=Gülden.

1 Rader=albus macht 12 Rader=Heller[.]

1 Heller macht 4 orth.

1 Rader=Gulden macht 24 albus Rader.

1 Rader=albus macht 24 Heller Cöllnisch, mithin / macht

/S. 169v./ 1 Rader=Gulden 48 albus Cöllnisch; und

1 Schafft=Gulden 30 albus Cöllnisch.

1 Laub= oder Cronen=Thaler macht 72 Stüber Luxem=/burgisch, oder 1 Reichs Thaler 69 albus 4 Heller / Cöllnisch, nach welchem Fuß die Reduction Lu= / xemburger

Müntzen in Cöllnische Wehrung eins=weilen in gegenwärtiger Rechnung gemacht wird.

Quelle: Landschaftsverband Rheinland (LVR), Archivberatungs- und Fortbildungszentrum Brauweiler, Mikrofilm Nationalarchiv Prag, Bestand Sternberg-Manderscheid, Kiste 160, S. 169r – 169v.

Glossar

Anm.: Diese Liste bezieht sich auf die heute nicht mehr geläufigen Begriffe, die in der Neuerburger Ertragsaufstellung und im Status generalis verwendet werden.

- **Abkauf**: Gemeint ist der Abkauf aus der Leibeigenschaft, wenn z.B. in eine andere Herrschaft eingeheiratet wurde.
- **Ackerschatz**: Schweinemast mit Bucheckern im Wald.
- **ad**: lat. = zu.
- **Albus**: Weißpfennig, ursprünglich mit Silbergehalt.
- **alliege**: sämtliche.
- **Almoßen**: Almosen, milde Gaben.
- **angeschlagen**: hier gebraucht im Sinne von „veranschlagt".
- **Ausmaaß**: Abzug.
- **Bannofen**: Backofen, in dem die Leute eines gewissen Bezirkes zu backen verpflichtet waren, auch: Zwangofen.
- **Bau-Reparationen**: Reparaturen an Gebäuden.
- **Bestallungen**: Einstellung und Bezahlung herrschaftlicher Funktionsträger.
- **Bienenfund**: Honig und Wachs von aufgefundenen Bienenstöcken.
- **Büsch**: moselfränkisch = Wald.
- **Capaunen**: kastrierte Masthähne.
- **Creditor**: Gläubiger.
- **Deduction**: Abzug, Subtraktion.
- **Dividenten** [von] 5 jahren: Mittelwert von 5 Jahren.
- **ein jahr ins andere**: jährlich.

- **ergo**: lat. = also, entsprechend.
- **Expreßen**: Boten.
- **facit**: lat. = bei Summen = „ergibt".
- **Faß**: kleines Hohlmaß.
- **Fundationen**: Stiftungen.
- **Gefelle**: Abgaben.
- **Grumet**: Heu des zweiten Schnitts.
- **Grundbieren**: Kartoffeln.
- **Halbscheid**: Hälfte.
- **Heller**: Münze mit niedrigem Wert, entspricht etwa einem Pfennig.
- **Heumieth**: Mähen des Heus.
- **Heu-Zehnd**: Zehntabgabe vom Heu.
- **Huldigung**: Anerkennungszeremonie für einen neuen Herrn; bei einer Huldigung wurde das übernommene Land zunächst in Besitz genommen und dann der neue Dynast feierlich anerkannt. Im Neuerburger Kontext ist mit „Huldigungen" jedoch wahrscheinlich die Anerkennungshandlung eines neuen Haushaltsvorstands gegenüber der Herrschaft gemeint.
- **illiquide Posten**: nicht eingegangene Gelder, Fehlbeträge.
- **item**: lat. = ebenfalls, auch.
- **Jahrs**: gebraucht im Sinne von „jährlich".
- **Korn**: Roggen.
- **Krämer-Zunfft**: Vereinigung der Kaufleute in der Stadt Neuerburg.
- **Kronenthaler**: Währung in den österreichischen Niederlanden seit 1755, berechnet zu 54 Stüber (sols) bzw. 216 Liards.
- **Landsteueren**: Gemeint sind die Landessteuern des Herzogtums Luxemburg.

- **Liard**: Münze von niedrigem Wert in den österreichischen Niederlanden.
- **Lieferschwein**: Schwein, das als Grundabgabe abgeliefert wird.
- **Lutzemburg**: Luxemburg.
- **Lutzemburger wehrung**: Reichstaler nach Luxembuger Fuß.
- **Malder**: Malter = Hohlmaß.
- **Marcktzoll**: Gebühr, die für den Markt zu entrichten war.
- **Moßelfahrten**: Bäuerliche Fuhrdienste zur Mosel, die zum Transport von Wein dienten. Die ursprünglichen Fuhrdienste waren bis ins 18. Jahrhundert oft durch Geldzahlungen abgelöst worden.
- **Mühlenpfachten**: Pacht von Mühlen.
- **Nachsuchung**: Nachforschung.
- **Neuendhaler**: Taler, die im 18. Jahrhundert neu eingeführt wurden.
- **Ofen-Brod**: Brot aus den Bannöfen. Die Untertanen waren verpflichtet, an diesen lokalen Öfen ihr Brot backen zu lassen.
- **Petermännchen**: trierischer Albus.
- **per**: lat. = zu, entspricht.
- **Pfacht**: Pacht.
- **Reichsthaler**: Wichtigste Währung im Alten Reich, der Wert variierte regional.
- **Renten**: Abgaben, die sowohl natural als auch in Geld entrichtet wurden.
- **Residuum**: Rest.
- **Rhentmeister**: herrschaftlicher Einnehmer und Verwalter der erhaltenen Grundrenten.
- **Schafft**: Geld und sonstige Abgaben, die von den Besitzern der sogenannten Schaftgüter an den Herrn entrichtet wurden.

- **Schatzung**: Steuer, die vor allem als Grundsteuer an die landesherrliche Verwaltung gezahlt wurde. Die Landesherren des Herzogtums Luxemburg waren im 18. Jahrhundert die österreichischen Habsburger.

- **Schloßwacht**: Wachdienste, hier auf Burg Neuerburg.

- **Schrimpf**: Verlust, Schwund.

- **Schützengeld**: vermutlich eine Zahlung der Untertanen für Soldaten, die im Gebiet der Herrschaft Neuerburg zu stellen waren.

- **Sester**: Hohlmaß.

- **Simpelen / Simpelsteuer**: Kurtrierische Grundsteuer, die anhand der Reinerträge der besteuerten Güter berechnet wurde.

- **Stadtzoll**: Zahlung, die von der Herrschaft in der Stadt Neuerburg erhoben wurde.

- **Summa**: Summe.

- **Stüber**: Münze von mittlerem Wert.

- **Transport**: hier = Übertrag von einer Seite zur nächsten.

- **trockner Weinkauf**: Nach einem getätigten größeren Kauf wurde in früheren Zeiten meist Wein getrunken, den der Käufer bezahlte. Später gab ein Käufer stattdessen oft nur noch ein Geldstück, woraus sich das Wort „trocken" erklärt.

- **Unflüßigkeiten**: nicht eingegangene bzw. erhaltene Gelder.

- **vermög**: zufolge, gemäß.

- **Wein-Accieß**: Abgabe beim Weinverkauf.

- **wie supra**: wie oben.

- **Wittums-Deputat**: finanzielle Versorgung der Witwe eines verstorbenen Herrn.

- **Zehnden**: ursprünglich der zehnte Teil der bäuerlichen Abgaben, der zunächst ausschließlich zur Finanzierung des kirchlichen Lebens in der jeweiligen Pfarrei diente.

- **Zehnd-Verlaß-Kösten**: Kosten, welche bei der Verpachtung von Zehnten an Dritte anfielen. Das Recht, den Zehnten zu beziehen, wurde zum Teil für eine bestimmte

Zeit an den Meistbietenden versteigert.

- **zehnter Pfenning**: Abgabe bei einigen größeren Verkäufen, wie z.B. bei Holzverkäufen.

- **Zinß**: hier = Abgabe, die von Zinsgütern zu zahlen war.

Zeittafel

Die Besitzer der manderscheidischen Hälfte der Herrschaft Neuerburg im 18. Jahrhundert

1686 – 1721: Graf Karl von Manderscheid-Kail.

1721 – 1742: Graf Wolfgang Heinrich von Manderscheid-Kail.

1742 – 1762: Wittum der Gräfin Maria Anna von Manderscheid-Kail; aufgrund eines Erbvertrags gingen die Kailer Besitzungen nach ihrem Tod an das Haus Manderscheid-Blankenheim über.

1762 – 1772: Graf Johann Wilhelm von Manderscheid-Blankenheim.

1772 – 1780: Graf Franz Joseph von Manderscheid-Blankenheim; nach seinem Tod fand mit dem Übergang der manderscheidischen Territorien an Gräfin Augusta von Sternberg, geb. Gräfin von Manderscheid-Blankenheim, die weibliche Erbfolge statt.

1780 – 1794: Gräfin Augusta von Sternberg-Manderscheid zusammen mit ihrem Gemahl Graf Christian von Sternberg-Manderscheid.

Anmerkungen

1) Gregor BRAND, Augusta Reichsgräfin von Sternberg-Manderscheid. Letzte regierende Gräfin aus dem Haus Manderscheid, in: Eifelzeitung vom 17. Januar 2016; Heinrich NEU, Der letzte Graf von Sternberg-Manderscheid-Blankenheim – ein historischer Überblick, Sonderdruck, unpag.; Peter NEU, Die Grafen von Manderscheid – ein historischer Überblick, in: TORUNSKY, Vera, Die Manderscheider, Ausstellungskatalog, Köln 1990, S. 13 – 28, hier S. 27 – 28. Bis heute grundlegend zur territorialen Entwicklung der manderscheidischen Besitzungen in der Eifel ist Peter NEU, Geschichte und Struktur der Eifelterritorien des Hauses Manderscheid vornehmlich im 15. und 16. Jahrhundert, Bonn 1972.

2) Zu den Besitzungen des Hauses Manderscheid innerhalb des Herzogtums Luxemburg gehörten neben der Hälfte der Herrschaft Neuerburg auch die Herrschaften Bettingen, Kronenburg und Oberkail sowie die Grafschaft Manderscheid, vgl. dazu Wilhelm FABRICIUS, Erläuterungen zum geschichtlichen Atlas der Rheinprovinz. Einteilung und Entwicklung der Territorien von 1600 – 1794 (= Publikationen der Gesellschaft für rheinische Geschichtskunde, 12), Bonn 1898, S. 22 – 38, sowie die Karte bei Vera TORUNSKY (Red.), Die Manderscheider, S. 214.

3) NEU, Der letzte Graf, unpag. TORUNSKY, Manderscheider, S. 191. Siehe dazu auch Aleš CHALUPA, Die Familie der Grafen Sternberg-Manderscheid und ihr Archiv, in: TORUNSKY, Manderscheider, S. 83 – 87.

4) NEU, Der letzte Graf, unpag. CHALUPA, Familie, a.a.O., S. 83 – 87. Vgl. hierzu auch Willibrord WEINS, Die Grafschaft Manderscheid in der Eifel, Diss. Münster 1921, S. 41 – 43.

5) Zur Familie Neufforge siehe AMBROS et al., Familienbuch Neuerburg, Nr. 1745, 1873 – 1876 und 2986. Zur Geschichte des Geschlechtes de Neufforge sei ferner verwiesen auf Heribert AMBROS, Antoinette de Neufforge und ihre Familie zur Zeit der Französischen Revolution, in: Heimatkalender Eifelkreis Bitburg-Prüm, Jahrgg. 65 (2016), S. 154-165, und Rudolf HOMANN, Die adlige Familie de Neufforge in Neuerburg, in: Heimatkalender Landkreis Bitburg-Prüm 1988, S. 222-226.

Eckdaten zur Geschichte der Neuerburger Familie (de) Honoré finden sich in AMBROS et al., Familienbuch Neuerburg, Nr. 1072 und 1126 – 1129.

6) HEYEN, Archiv, S. XIV – XIX; einen Überblick über die neuzeitliche Entwicklung von Stadt und Herrschaft Neuerburg bietet NEU, Stadt, S. 324 – 330.

7) Zur Anweisung der Gräfin siehe den Vermerk in der Kronenburger Ertragsaufstellung unter LVR, Verfilmung, a.a.O., S. 286r. Das Patent des Grafen Franz Josef von Manderscheid-Blankenheim, in dem Maas (auch: Maes) mit dieser Aufgabe betraut wurde, stammt vom 4. April 1778 und wurde in Köln ausgestellt, vgl. HEYEN / ZIMMER, Stadtarchiv Neuerburg. S. 34.

8) FABRICIUS, Erläuterungen, S. 36 – 38. Die Zugehörigkeit einzelner Orte zur Herrschaft Neuerburg geht unter anderem aus der Nennung in den herrschaftlichen Rechnungen hervor. Sie werden im Landeshauptarchiv Koblenz und im Herzog von Croy'schen Archiv in Dülmen aufbewahrt. Ebenso lassen sich anhand der Rechnungen Art und Verteilung von Abgaben und Frondiensten ermitteln.

9) Vgl. zur Umrechnung der Währung die edierte „Evaluation deren Geldmünzen und Fruchtmaßen".

10) Vgl. die Edition des „Status generalis".

11) Herzog von Croy'sches Archiv zu Dülmen (HCAD), Bestand Manderscheid-Blankenheim, HCAD 8, 4. Die Oberkailer Verpachtung ist dokumentiert in der Aktensammlung mit dem Titel „Acta die neue Einrichtung der Oeconomie betreffend" unter HCAD, BMB, 11, 7.

12) Aleš CHALUPA, Karl OTERMANN, Archiv der Grafen von Sternberg. Akten im Archiv des Nationalmuseums Prag, maschinenschriftlich, Euskirchen, Prag, ohne Jahresangabe, Einleitung.

13) DIES., a.a.O., Einleitung.

14) Herrn Georg Bechthold, Frau Elke Bock M. A. und Herrn Altbürgermeister Willi Fink aus Bettingen gilt mein herzlicher Dank für die Durchsicht des Manuskriptes. Ebenso danke ich Herrn Ralf Wolf (Wolf-Medienservice) aus Jülich für zahlreiche Anregungen und Hinweise

Nachweise

Quellen

Landschaftsverband Rheinland (LVR), Archivberatungs- und Fortbildungszentrum Brauweiler, Mikrofilm Nationalarchiv Prag, Bestand Sternberg-Manderscheid, Kiste 160.

- Status der Erträgnisse in der Herrschaft Neuerburg
- Evaluation deren Geldsorten und Fruchtmaßen
- Status Generalis

Literatur

AMBROS, Heribert, Antoinette de Neufforge und ihre Familie zur Zeit der Französischen Revolution, in: Heimatkalender Eifelkreis Bitburg-Prüm, Jahrgg. 65 (2016), S: 154-165.

AMBROS, Heribert, HUBSCH, M. E., OEHMS (Bearb.), K. G., Familienbuch der katholischen Pfarrei Sankt Nikolaus mit ihren Filialen Neuerburg, Eifel : 1700 bis 1899 (= Westdeutsche Gesellschaft für Familienkunde: Veröffentlichungen der Westdeutschen Gesellschaft für Familienkunde [N.F.], 231; zugleich Deutsche Ortssippenbücher / A, 443), Köln 2007.

BRAND, Gregor, Augusta Reichsgräfin von Sternberg-Manderscheid. Letzte regierende Gräfin aus dem Haus Manderscheid, in: Eifelzeitung vom 17. Januar 2016.

CHALUPA, Aleš, OTERMANN, Karl, Archiv der Grafen von Sternberg. Akten im Archiv des Nationalmuseums Prag, maschinenschriftlich, Euskirchen, Prag, ohne Jahresangabe.

FABRICIUS, Wilhelm, Erläuterungen zum geschichtlichen Atlas der Rheinprovinz. Die Karte von 1789. Einteilung und Entwicklung der Territorien von 1600-1794 (= Publikationen der Gesellschaft für rheinische Geschichtskunde, 12), Bonn 1898, Nachdruck, Bonn 1965.

GANSER, Siegbert Anton, Manderscheid und Oberkail. Eine historische Monographie, Trier 1876.

GERTEN, Erich, KREUTZ, Jörg, RECH, Claus, Oberkail. Geschichte eines Dorfes in der südlichen Eifel, Neuerburg 2001.

HABERKERN, Eugen, WALLACH, Joseph Friedrich, Hilfswörterbuch für Historiker. Mittelalter und Neuzeit (= UTB, 119), 2 Bde., 7. Auflage, Tübingen 1987.

HEYEN, Franz-Josef, LICHTER, Eduard, ZIMMER, Theresia, Inventar der Archive der Stadt Neuerburg (= Veröffentlichungen der Landesarchivverwaltung Rheinland-Pfalz, 3), Koblenz 1965.

HOMANN, Rudolf, Die adlige Familie de Neufforge in Neuerburg, in: Heimatkalender Landkreis Bitburg-Prüm 1988, S. 222-226.

KUMOR, Johannes, Der Neuerburger Grabstein des Friedensrichters Johannes Ignatius Maes (1753-1836), In: Heimatkalender für den Kreis Bitburg-Prüm 1975. S. 172-174.

NEU, Heinrich, Der letzte Graf von Sternberg-Manderscheid-Blankenheim. Ein Lebensbild des Grafen Franz Joseph von Sternberg, Sonderdruck, unpag., ursprünglich erschienen in: Heimatkalender Schleiden 1958.

NEU, Peter, Geschichte und Struktur der Eifelterritorien des Hauses Manderscheid vornehmlich im 15. und 16. Jahrhundert (= Rheinisches Archiv. Veröffentlichungen des Instituts für geschichtliche Landeskunde der Rheinlande an der Universität Bonn, 80), Bonn 1972.

NEU, Peter, Die Grafen von Manderscheid – ein historischer Überblick, in: TORUNSKY, Vera, Die Manderscheider. a.a.O., S. 13 – 28.

NEU, Peter, Stadt und Herrschaft Neuerburg. Beiträge zur Geschichte eines Eifelstädtchens, in: Rheinische Vierteljahrsblätter, Jahrgg. 29 (1964), S. 315-330.

TORUNSKY, Vera (Red.), Die Manderscheider. Eine Eifeler Adelsfamilie: Herrschaft, Wirtschaft, Kultur. Ausstellungskatalog, Köln 1990.

WEINS, Willibrord, Die Grafschaft Manderscheid in der Eifel, Diss. Münster 1921.

Abbildungen

Georg Bechthold: Titelfoto (Burg Neuerburg)

Claus Rech: Tabellengestaltung gemäß den Vorlagen der Originaltexte

Anhang

Die sternberg-manderscheidischen Ertragsverzeichnisse von 1781 im Überblick

Quellenbezeichnung	Signatur in Kiste 160
Status der Erträgnisse der Herrschaft Bettingen	S. 301.
Status der Erträgnisse der Grafschaft Blankenheim	S. 307.
Status der Ausgaben für das Schloss Blankenheim	S. 297.
Status der Erträgnisse der Herrschaft Dollendorf	S. 305.
Status der Erträgnisse des Hofes Dusemond (Brauneberg)	S. 296.
Gutachten über den Weinbau in Dusemond (Brauneberg)	S. 294.
Status der Erträgnisse der Grafschaft Gerolstein	S. 303.
Status der Erträgnisse der Herrschaft Kronenburg	S. 296.
Status der Erträgnisse der Grafschaft Manderscheid	S. 290.
Status der Erträgnisse der Herrschaft Neuerburg	S. 299.
Status der Erträgnisse der Herrschaft Oberkail	S. 292.

Die Ertragsübersichten für Bettingen, Blankenheim, Dollendorf, Gerolstein, Kronenburg, Manderscheid, Neuerburg und Oberkail sind unter dem oben angegebenen Titel im Findbuch von Chalupa / Otermann verzeichnet. Die Aufstellung und das Gutachten zum Hof Dusemond / Brauneberg werden dort hingegen nicht genannt. Das Dusemonder Gutachten wird hier erwähnt, da es umfangreiche Erläuterungen zu den lokalen Ertragsverhältnissen enthält.